AF245430

ROLE

DU BAN ET DE L'ARRIÈRE-BAN

DE

LA VICOMTÉ ET PRÉVOTÉ DE PARIS EN 1545

PUBLIÉ

Par L. DE LA MORINERIE

(Extrait de la REVUE NOBILIAIRE, Tome III.)

PARIS

Librairie héraldique de J. B. DUMOULIN, Libraire de la Société
DES ANTIQUAIRES DE FRANCE
Quai des Grands-Augustins, 13

1865

ROLE

DU BAN ET DE L'ARRIÈRE-BAN

DE LA VICOMTÉ ET PRÉVOTÉ DE PARIS EN 1545.

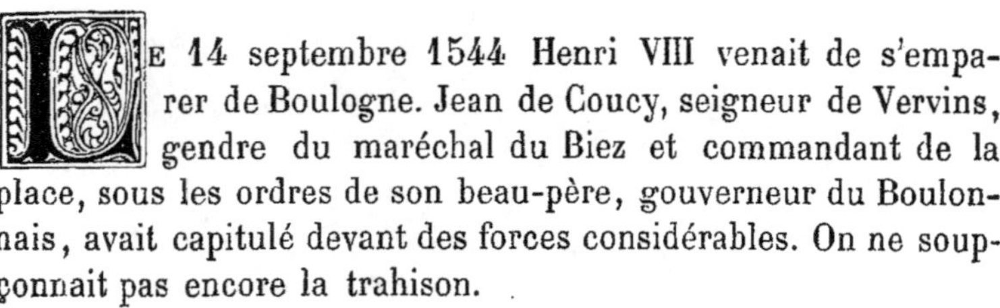

LE 14 septembre 1544 Henri VIII venait de s'emparer de Boulogne. Jean de Coucy, seigneur de Vervins, gendre du maréchal du Biez et commandant de la place, sous les ordres de son beau-père, gouverneur du Boulonnais, avait capitulé devant des forces considérables. On ne soupçonnait pas encore la trahison.

François Ier veut empêcher les Anglais de s'avancer plus loin. Il a signé la paix avec Charles-Quint, et tranquille de ce côté, il peut disposer de toute son armée pour la nouvelle campagne.

Il charge le maréchal d'Annebaut d'équiper la flotte et d'opérer une diversion sur le territoire ennemi.

Le maréchal du Biez reçoit l'ordre de réunir les troupes de terre. Le quartier-général est fixé à Amiens.

Le roi, décidé à frapper un grand coup, fait également appel à la Noblesse. Par lettres patentes signées à Châteaudun, le 23 mai 1545, il convoque le ban et l'arrière-ban en ces termes :

« Comme pour le recouurement de nostre ville de Boulongne,
» ayons aduisé, outre nostre force de mer qu'auons jà apprestée,
» faire assembler celle du ban et arrièreban de nostre Royaume,
» que nous estimons l'vne des principales et plus seure, pour
» estre composée de toute la noblesse, en quoy gist la grandeur, conseruation et seureté de nostredit Royaume, Nous.....

» mandons qu'incontinent..... toutes personnes subiettes à nos-
» dicts ban et arrièrebans ayent à eux trouuer et comparoir.....
» au lieu où l'assemblée dudit ban et arrièreban a accoustumé
» estre faite..... pour là en estre faite la monstre..... Et incon-
» tinent après ladite monstre faite, marcher le plus dili-
» gemment que faire se pourra droict à nostre ville d'Amyens
» et ès environs, de sorte qu'ils ne faillent de se rendre dedans
» le vingt-cinquiesme iour du mois de Iuin prochain, pour après
» estre employez, et exploicter souz la charge du seigneur de
» la Iaille, Lieutenant général de nostre très-cher et amé cousin
» le seigneur de Lorges, capitaine général desdits arrière-
» bans [1]...... »

Jusqu'à cette époque, la Noblesse avait servi à cheval, mais
le Roi considérant la difficulté de nourrir les chevaux en Picardie
arrêta que « pour ceste fois et sans tirer la chose à conséquence »
le service s'effectuerait à pied.

A la suite de l'ordonnance, et à la même date, parut le règlement relatif à la convocation des assemblées et au service du
ban et de l'arrière-ban.

Ce règlement disposait que la montre se ferait au siége prin-
cipal de chaque bailliage ou sénéchaussée, par les soins de deux
gentilshommes les plus expérimentés aux armes, choisis par le
capitaine général sur une liste de trois candidats. Il obligeait
tous les possesseurs de fiefs sujets au ban et à l'arrière-ban à
comparaître en personne ou à se faire remplacer par des gens
capables de porter les armes, et dont la solde serait à leur charge.
Les femmes, à raison de leurs domaines, devaient la contribu-
tion de guerre comme les hommes.

L'importance du fief réglait le service, de telle sorte que le
nombre et la nature des remplaçants, ainsi que l'équipage,
fussent en rapport avec la richesse territoriale.

---

[1] Les Edicts et Ordonnances des Rois de France de A. Fontanon,... revu par
Gabriel Michel (de la Rochemaillet). Paris, R. Fouet, 1611, in-folio, IIIe vol.,
p. 62.

Le gentilhomme, dont le fief était taxé à un homme d'armes, devait servir, lui ou son remplaçant, en homme d'armes avec les harnais et les armes d'un homme de pied, deux serviteurs à sa suite; savoir : un piquier ayant hallecret, hoguine et secrette, et un arquebusier muni d'un gorgerin, d'un collet de maille et d'une secrette. Celui qui devait le service d'archer était astreint à servir en archer avec les harnais et les armes d'un homme de pied, accompagné d'un seul serviteur, piquier ou arquebusier, avec gorgerin, collet de maille et secrette.

Chaque compagnie, pour être au complet, devait se composer de trois cents hommes de pied, d'un capitaine, d'un lieutenant, d'un enseigne, de trois centeniers, de deux sergents de bande, de deux tambours et d'un fifre.

Voici le tarif de la solde par mois :

Au lieutenant-général. . . . . 300 ℔ tournois.
A l'homme d'armes. 20   —
A l'archer 10   —
Au capitaine de chaque bande. 100   —
Au lieutenant. 50   —
A l'enseigne 30   —
Au centenier. 15   —
Au sergent de bande. 15   —
Au tambour et au fifre. 10   —
Au piquier ou à l'hallebardier. . . . .   6 ℔ 13 s. 4 d.
A l'arquebusier. . . . .   8 ℔ tournois.
Au fourrier. . . . .   double paye·
Au gentilhomme chargé de la montre. . . . . 20 ℔ tournois.

La durée du service avait été fixée à trois mois dans l'intérieur du royaume et à quarante jours en pays étranger, à partir du moment de l'arrivée au camp.

Ainsi que nous venons de le voir, tous les gentilshommes

durent se réunir dans chaque bailliage ou sénéchaussée pour apporter leur contingent à l'armée de Picardie. Ceux de la prévôté et vicomté de Paris s'assemblèrent effectivement, en exécution de la volonté royale.

Nous avons entre les mains un rôle du ban et de l'arrièreban de ladite prévôté, commandé par Guillaume de Meaux, seigneur en partie de Marly-la-Ville. La montre en fut faite le 12 juillet, devant Jean Morin, le lieutenant civil. Ce document offre une très-intéressante application de l'ordonnance du 23 mai 1545, dont nous avons rapporté les principales dispositions, et à ce titre, il nous a semblé qu'il pouvait être à la fois utile et curieux de le livrer à la publicité.

Quelques mots d'abord sur le manuscrit : il est tiré d'un recueil de pièces que Paul de Meaux, seigneur de Violaine et de Douy-la-Ramée en partie, auteur de l'une des deux branches de sa maison établies en Saintonge, fit vidimer, le 4 juillet 1644, par l'élection de Saint-Jean-d'Angély [1]. Nous le reproduisons avec son orthographe en régularisant toutefois la ponctuation et les lettres majuscules, en complétant les abréviations et en faisant suivre chaque article de notes historiques. Il importe de signaler aussi que le copiste saintongeais peu familiarisé avec les noms des familles et des localités de l'Ile-de-France, a estropié un grand nombre de ces noms, et les a rendus entièrement méconnaissables. Nous en avons rectifié quelques-uns, et nous avons hasardé des hypothèses pour quelques autres.

---

[1] Archives de la maison de Meaux, appartenant par suite de transmission héréditaire, à M. le vicomte de Bremond d'Ars, sous-préfet de Quimperlé.

 oolle du ban et arrière-ban de la Préuosté et Viconté de Paris, lequel est party de cette ville de Paris, le dimanche douziesme jour de Jeuillet l'an mil cinq cents quarante-cinq, soubs la charge et conduitte de noble homme Guillaume de Meaux, seigneur de Marly en partie, suiuant l'eslection faitte de la personne dudit de Meaux par les nobles assistans audit ban et arrière-ban, qui iceux a promis de conduire pour le seruice du Roy nostre sire jusques en la ville d'Amians et alentour d'icelle et y arriuer au vingtiesme jour de ce présant mois, selon et en ce suiuant le mandement du Roy nostredit seigneur, et les faire viure selon ce qu'ils sont tenus faire par l'ordonnance dudit seigneur.

Et premièremant :

Pour Phillipes Mesme[1] :

Guillaume Guedon, compagnon de guerre, demeurant à Bajollet[2], parroisse des Froges, harquebuzier ;

Noel Dubois, aussy compagnon de guerre, demeurant à Angeruillier[3], parroisse dudit lieu, picquier.

Les dessus dictz ont confessé auoir esté payés pour vn mois et demy ; et le reste montant vingt-neuf liures six solz huit deniers tournois, ledit Phillippes Mesme les a mis ès mains de noble homme Richard de Gomeau[4], seigneur du Grand Tanquers[5], esleu par les nobles à recepuoir les deniers dudit ban et arrière-ban.

---

[1] Mesmes, seigneurs de Bajollet et de Marolles : *d'argent, au chevron d'azur, accompagné de trois canettes de sable, becquées et membrées de gueules.*

[2] Bajollet : commune de Forges, canton de Limours, arrondissement de Rambouillet (Seine-et-Oise).

[3] Angervilliers : canton de Dourdan, arrondissement de Rambouillet (Seine-et-Oise).

[4] Le copiste écrit plus loin : *de Grineau.*

[5] Serait-ce Tanqueu? commune de Cerny, canton de la Ferté-Aleps, arrondissement d'Étampes (Seine-et-Oise).

CLAUDE AUCOURT [1] :

CLAUDE AUCOURT sert en personne en esquipage d'arquebuzier, tant pour luy que pour ses aydes; duquel Aucourt et de ses dits aydes ledit recepueur dit n'auoir aucune choze resu.

[1] Probablement de la famille d'Aucourt: *d'argent, à la bande dentelée de gueules et d'or ; au chef crenelé aussi de gueules et d'or.*

Pour damoiselle MARGUERITE LE ROULLIER [1], veuve de LOUIS DE VILLETAN [2] :

Guillaume René, barbier, demeurant à Marly-le-Chastel [3], parroisse dudit lieu, harquebuzier ;

Charles Carre, menouurier, demeurant à Gif [4], près Cheureuze, en la parroisse dudit Gif.

Lesquels ont confessé auoir resu de ladite damoizelle ou procureur pour elle vng mois et demy; et le reste montant vingt-neuf liures six sols huit deniers tournois a esté baillé audit Gomeau, recepueur, pour deux mois de seruice.

[1] A la famille le Roullier appartenait Madeleine le Roullier, femme de Christophe de Campremy, écuyer, seigneur de Bléry, etc.; dont : 1° Perrette de Campremy, qui épousa en 1598 Jean de Meaux, écuyer, seigneur de Douy; 2° Jeanne le Roullier, femme de Jean de Vaudetar, écuyer, seigneur de Pouilly et de Condé, conseiller au parlement de Paris. Le Roullier : *d'argent, à trois fasces d'azur.*

[2] De Villetan : serait-ce de Villeron ?

[3] Marly-le-Roy : chef-lieu de canton, arrondissement de Versailles (Seine-et-Oise).

[4] Gif : canton de Palaiseau, arrondissement de Versailles (Seine-et-Oise).

Pour JEAN CHARTRAIN et aydes [1] :

Jehan Benard, compagnon de guerre, demeurant à Yury-sur-Seyne [2], en la parroisse dudit lieu.

Ledit Benard a confessé auoir resu dix liures tournois pour vn mois et demy; et le surplus montant treize liures six sols huit deniers tournois a esté mis ès mains dudit Gomeau, recepueur.

[1] Le manuscrit porte Jean Chartan. Il s'agit ici de Jean de Chartrain, seigneur d'Ivry-sur-Seine.

[2] On lit dans le manuscrit Yvoy-sur-Seine; c'est Ivry : canton de Villejuif, arrondissement de Sceaux (Seine).

Pour le sieur DE PALLOIZEAU [1] :

Jacques Phillippes, marchant, demeurant à Bièure [2], en la parroisse dudit lieu, picquier;

Nicollas Dubois, seruiteur du sieur de Palloizeau, harquebuzier;

Cosme Lamoureux, aussy seruiteur dudit sieur de Palloizeau, hallebardier;

Lucas Lepyot, seruiteur dudit sieur de Palloizeau, harquebuzier;

Guillaume Guillereau, compagnon de guerre, demeurant à Paris, place Maubert, parroisse Saint-Estienne-au-Mont de Paris, harquebuzier.

. Lesdits Jacques Phillippes, Nicollas Dubois, Cosme Lamoureux et Lucas Pyot ont confessé auoir resu entièremant tout la soulde de tout le temps ou seruice qu'ils sont tenus faire, et partant n'a esté baillée aucune choze au recepueur.

Ledit Guillaume Guillereau a confessé auoir resu douze liures tournois pour vn mois et demy; et le surplus de son seruice quy est de deux mois a esté mis ès mains dudit Gomeau, recepueur.

[1] Palaiseau : chef-lieu de canton, arrondissement de Versailles (Seine-et-Oise). Le seigneur était alors Fiacre de Harville, marié à Renée de Rouville. De Harville : *de gueules, à la croix d'argent, chargée de cinq coquilles de sable.*

[2] Bièvre : canton de Palaiseau, arrondissement de Versailles (Seine-et-Oise).

Pour GERMAIN DE VALLETIENNES [1] :

Jehan Bigot, demeurant à Paris, rue des Roziers, parroisse Saint-Geruais, harquebuzier.

Ledit Bigot a confessé auoir resu de Germain de Valletiennes douze liures tournois.

Ledit Gomeau, sieur de Tanquers, dit n'auoir aucune choze resu dudit de Valletiennes pour ledit Bigot.

[1] Germain de Valenciennes devait descendre de Germain de Valenciennes, seigneur d'Ormoy, de Coupeaux et de Villabé, général essayeur des monnaies, mort en 1520 : *de sinople, semé de billettes d'or, au lion de même, brochant sur le tout.*

Pour JEAN JOURDAIN [1] :

Yues Gallet, harquebuzier, demeurant à Poissy [2], parroisse d'Endresy, sert en personne tant pour luy que pour Jean Jourdin auquel il est ayde.

Ledit Gallet a confessé auoir resu dudit Jourdin pour sa portion vn mois et demy.

Le recepueur dit n'auoir rien resu pour luy.

[1] Appartenait-il aux Jourdain, seigneurs des Brosses, qui portaient *d'azur, au bâton écoté d'or, raccourci et mis en bande, soutenant une cigale de même.*

[2] Il y a là une erreur : Poissy et Andrésy étaient deux paroisses distinctes.

GABRIEL DE LA MARE [1], en sa personne :

GABRIEL DE LA MARE, escuier, picquier, sert en personne, tant pour luy que pour Jerehemy de Besemont et autres, ses aydes.

Lequel a confessé auoir resu vng mois et demy de seruice pour leur portion.

Lesquels aydes ont baillé audit trézorier treize liures six sols huit deniers tournois pour deux mois.

[1] Était-il de la famille de la Mare du Teil? *d'azur, au héron d'argent.*

Pour CLAUDE DE CHASTILLON [1] :

FRANÇOIS DE LA COURTYES, escuier, demeurant à..... [2], parroisse de Raucour [3], bailliage d'Estampes, harquebuzier ;

Lyenard Bigot, homme de guerre, demeurant à Mesnil-Racoing [4], parroisse de Villiers-en-Beausse, picquier ;

Claude de la Verdure, compagnon de guerre, demeurant à Paris, sur le Pont-au-Change, à l'enseigne des Ratz, picquier.

Lesquels ont confessé auoir resu tout le temps de leur seruice ; et partant n'en a esté aucune choze mis ès mains dudit recepueur.

[1] Le manuscrit donne : de Chastillay. C'est ici Claude de Châtillon, chevalier, baron de Bouville près d'Étampes, d'Argenton, de la Grève, de Montcontour, de la Mothe-Coupeaux, de la Mothe-Brisson, de Chantemerle, de la Rambaudière, etc., homme d'armes au ban de Poitou en 1533, marié le 11 avril 1526 à Gabrielle de

Sanzay, mort vers 1548. L'illustre maison de Châtillon-sur-Marne portait : *de gueules à trois pals de vair ; au chef d'or.*

² Le nom est en blanc dans le manuscrit.

³ Sans doute Arraucourt.

⁴ Le Mesnil-Racoing, commune de Bouville, autrement dit Villiers-en-Beauce, canton et arrondissement d'Étampes, appartenait aux Châtillon.

Pour JACQUES HESSELIN et ses freres et sœurs [1] :

Guillaume le Gay, compagnon de guerre, demeurant à Vnzarches [2], en la parroisse dudit lieu, harquebuzier ;

Nicollas Renson, compaignon de guerre, demeurant à Escouen [3], en la parroisse dudit lieu, harquebuzier.

Lesquelz ont confessé auoir resu vn mois et demy chescung ; et le surplus montant trente-deux liures tournois, ledit recepueur les a receus comme appert par sa quittance.

¹ Jacques Hesselin, écuyer, seigneur de Gascourt près de Luzarches, de Villepesque en partie, marié à Antoine de Hangest, dont : Louise Hesselin, dame de Gascourt, qui épousa le 21 février 1557 Louis de Meaux, écuyer, seigneur de Douy en partie, de Courtry et de la Marche, hommes d'armes de la compagnie du Dauphin. Elle prit une seconde alliance avec Philippe de Boubers, écuyer.

Une sœur de Jacques, Madeleine Hesselin, se maria à François de Belloy, seigneur de Belloy et de Morangles en partie, lieutenant du ban et arrière-ban de l'Ile-de-France en 1543. Hesselin : *fascé d'or et d'azur de cinq pièces, chargé de quatorze croisettes fleurdelisées de l'un en l'autre, 4, 4, 3, 2 et 1.*

² Luzarches : chef-lieu de canton, arrondissement de Pontoise (Seine-et-Oise).

³ Écouen : chef-lieu de canton, arrondissement de Pontoise (Seine-et-Oise).

Pour GUILLAUME DUMOULLIN [1] :

Jean Dagonne, compagnon de guerre, demeurant à Sauigny-sur-Orge [2], parroisse dudit lieu, harquebuzier ;

Estienne Bonneau, aussy compagnon de guerre, demeurant à Forges [3], en la parroisse dudit lieu, hallebardier ;

Pierre Moslin, aussy compaignon de guerre, demeurant à Brys [4], en la parroisse dudit lieu, picquier.

. Lesquels ont confessé auoir resu chescung vn mois et demy ; et le surplus montant quarante-trois liures treize sols quatre deniers tournois, il les a mis ès mains dudit recepueur.

¹ Guillaume du Moulin, seigneur de Briis et de Fontenay-les-Briis, marié à Catherine de l'Hôpital, dont : Philippe du Moulin, qui épousa : 1° Pierre de Vèze, seigneur

de Savigny-sur-Orge ; 2° en 1548, Charles le Clerc, baron de Fleurigny. Cette famille du célèbre jurisconsulte Charles du Moulin, porte : *d'argent, à la croix ancrée de sable.*

² Savigny-sur-Orge : canton de Lonjumeau, arrondissement de Corbeil (Seine-et-Oise).

³ Forges : canton de Limours, arrondissement de Rambouillet (Seine-et-Oise).

⁴ Briis-sous-Forges : canton de Limours, arrondissement de Rambouillet (Seine-et-Oise). Boys d'après le manuscrit.

Pour GUILLAUME DUPUYS et aides [1] :

Pierre Joliuet, compagnon de guerre, demeurant à Paris, ruhe des Juif, parroisse Saint-Geruais, picquier.

Ledict Joliuet a confessé auoir resu de Guillaume Dupuys dix liures tournois pour vn mois et demy de seruice ; et le surplus montant treize liures six sols huit deniers tournois, il les a mis ès mains dudit recepueur pour deux mois de seruice.

¹ Serait-il de la famille du Puy de Vatan ? *échiqueté d'argent et de gueules.*

Pour ROBERT TOUCHON [1] :

Claude Thierry, compagnon de guerre, demeurant à Vn-zarches, parroisse dudit lieu, hallebardier.

Ledit Thierry a confessé auoir resu dix liures tournois pour vng mois et demy de son seruice ; et le reste montant treize liures six sols huit deniers tournois, ils ont esté mis ès mains du recepueur pour deux mois.

¹ Le manuscrit offre un si grand nombre d'erreurs, on doit si bien se défier de la leçon du copiste saintongeais, que nous serions tenté de voir ici un Cauchon : *de gueules, au griffon d'or.*

Pour FRANÇOIS DE FLENAY [1] :

Nicollas Moret, compagnon de guerre, demeurant à Chastenay-en-France ², en la parroisse dudit lieu, picquier.

Ledit Moret a confessé auoir resu vng mois et demy ; et le reste pour deux mois montant treize liures six solz huit deniers tournois, il les a mis ès mains dudit recepueur.

¹ Faut-il voir ici un Fresnoy ? *d'or, au sautoir de gueules.*

² Châtenay : canton d'Ecouen, arrondissement de Pontoise (Seine et Oise).

Pour CHARLES LE PRINCE [1] :

Mathurin Benoist, compagnon de guerre, demeurant à Saint-Chéron [2], parroisse dudit lieu, harquebuzier ;

Leger Lassere, aussy compagnon de guerre, demeurant ruhe Saint-Honoré, parroisse Saint-Germain, picquier.

Ils ont confessé auoir resu vng mois et demy chescung ; et le reste montant vingt-neuf liures six sols huit deniers tournois, elle a esté mize ès mains dudit recepueur pour deux mois.

[1] Le Prince, allié aux Boissy, du Moulin, etc.

[2] Saint-Chéron : canton de Dourdan, arrondissement de Rambouillet (Seine et Oise)

Pour ROBERT LE VICONTE [1] :

Mathurin de la Barre, compaignon de guerre, demeurant à Villepreux [2], parroisse dudit lieu, picquier.

Ledit de la Barre a confessé auoir reseu dix liures tournoiz pour vng mois et demy ; et le reste montant treize liures six sols huit deniers tournois, il l'a mis ès mains dudit sieur de Tanquers, recepueur.

[1] Robert le Vicomte, écuyer, seigneur de Villepreux, de Becherelles, d'Aisonville, etc., marié à Olive de la Villeneuve ; dout : Andrée le Vicomte, qui épousa le 12 septembre 1546, Louis de Meaux, écuyer, seigneur de Douy. Le Vicomte : *losangé d'or et de gueules, l'or chargé d'hermine de sable.*

[2] Villepreux : canton de Marly-le-Roi, arrondissement de Versailles (Seine et Oise).

Pour CLAUDE BOUCHER [1] :

Nicollas Afflart, compagnon de guerre, demeurant ès Fauxbourgs Saint-Marcel, parroisse Saint-Ypollite, harquebuzier.

Ledit Afflart a confessé auoir resu vng mois et demy ; et le surplus montant seize liures tournois a esté mis ès mains dudit Gomeau, recepueur.

[1] Des Boucher, seigneurs d'Orçay et de Piscop : *de gueules, semé de croisettes d'argent ; au lion d'or, lampassé et armé de sable, brochant sur le tout.*

Pour ARTHUS [1] :

Jeuillien Marteau, compagnon de guerre, demeurant à Paris, rue des Roziers, en la parroisse Saint-Geruais, harquebuzier.

Ledit Marteau a confessé auoir resu douze liures tournois pour vn mois et demy ; et pour le surplus, ledit recepueur dit n'en auoir aucune choze resu.

[1] Arthus : Est-ce un membre d'une famille Arthus auquel il manque le prénom, ou un prénom auquel il manque le nom ? Dans cette dernière hypothèse devrait-on voir ici : Arthus de la Fontaine-Solare, baron d'Ognon, etc., capitaine de Crespy-en-Valois, devenu plus tard lieutenant-général de l'Ile-de-France, grand-maître des cérémonies sous le roi Henri II, etc., ambassadeur à Vienne et à Constantinople ? Il était cousin-germain de Guillaume de Meaux, le capitaine du ban. De la Fontaine-Solare : *losangé d'or et de gueules, à trois bandes d'azur, brochant sur le tout.*

Pour JEHAN DE BRESNE [1] :

Martin de Gaulchin, compagnon de guerre, demeurant à Paris, ruhe Saint-Antoine, à l'enseigne de la Housse-trappe, parroisse Saint-Paul, harquebuzier ;

Nicollas Fagot, demeurant à Melun, parroisse Saint-Esparte, picquier.

Ils ont confessé auoir resu vng mois et demy ; et le reste montant vingt-neuf liures six sols huit deniers tournois, a esté mis ès mains dudit recepueur.

[1] Le manuscrit porte de Bresme : c'est évidemment Jean de Brenne, chevalier, seigneur de Bombon, de Grégy, de Marchais, de Boutigny, etc., marié à Catherine le Goux, dont : Françoise de Brenne-Bombon qui épousa le 19 juin 1553 Guillaume de Meaux, chevalier, seigneur de Boïsboudran, neveu du capitaine du ban. De Brenne-Bombon : *d'argent, au lion de sable, armé, lampassé et couronné de gueules.*

Pour REGNÉ DE LA VOUE [1] :

Guillaume Aubroy, compagnon de guerre, demeurant ruhe des Roziers, à Paris, parroisse de Saint-Paul, deuant le logis du trézorier Picard, picquier ;

Jean de la Forest, compagnon de guerre, demeurant à Paris, rue Saint-Martin, près les Quatre filz Aymond, parroisse Saint-Nicolas, harquebuzier.

Lesquels Aubroy et de la Forest ont confessé auoir resu chescung vng mois et demy; et le reste montant vingt-neuf liures six sols huit deniers, a esté mis ès mains dudit recepueur.

1 De la Voue : *de sable, à six besants d'argent, 3, 2 et 1.*

Pour GUILLAUME DU BELLOY.

Jehan Gourlain, dit le petit Pâris, compagnon de guerre, harquebuzier, demeurant à Paris, rue Saint-Martin, au Pied de Biche, parroisse Saint-Nicollas.

Ledict Gourlain a confessé auoir resu vng mois et demy; et le surplus montant seize liures tournois a esté mis ès mains du recepueur pour ce faire esleu.

1 Guillaume de Belloy, écuyer, seigneur en partie de Belloy-en-France, et de Morangles, proche de Beaumont-sur-Oise. Il est à noter ici que Jean de Belloy, seigneur de Morangles, fils d'un cousin issu de germain de Guillaume, épousa le 5 juillet 1607, Françoise de Meaux, petite-fille de notre capitaine. De Belloy : *de gueules, à sept losanges d'or, 3, 3 et 1.*

Pour les BOUTEILLIERS [1] :

Jehan Toutignon, compagnon de guerre, harquebuzier, demeurant à Marly [2], en la parroisse dudit lieu;

Estiennette Huette, jardrenier, demeurant ruhe des Roziers, parroisse Saint-Geruais, picquier.

Les dessus dictz ont confessé auoir resu vng mois et demy chescung, et le surplus montant vingt-neuf liures six solz huit deniers tournoiz a esté mis ès mains dudit recepueur.

1 Les Bouteiller de Senlis étaient à cette époque représentés par les enfants de Jean le Bouteiller de Senlis, 11e du nom, seigneur de Moussy-le-Vieux, de Moussy-le-Neuf, de Messy et de Vineuil, chevalier du guet de Paris, et de Oudette de Harlay; savoir : 1º Jean, marié à Perrette d'Aunoy, mort en 1547; 2º Charles, prêtre, décédé la même année; 3º Girard, grand-sénéchal de Lorraine, époux de Barbe de Housse, dame de Bovigny; 4º Jean, le jeune, chevalier de Malte; et 5e Françoise, femme de Guignardin, dit Landrefay, écuyer. Le Bouteiller de Senlis : *d'or, à la croix de gueules, chargée de cinq coupes découvertes d'or.*

2 Marly-la-Ville : canton de Luzarches, arrondissement de Pontoise (Seine-et-Oise).

Pour les sieurs CRISTOPHLE DE CLUYS [1] et DE LA BRÉE [2].

Jehan de la Rouce, homme de guerre, harquebuzier, demeurant à Paris, ruhe Saint-Antoine, parroisse Saint-Paul, à l'enseigne du Grand Saulmon;

Jacques Morant, homme de guerre, harquebuzier, demeurant ruhe du Four, au pressoir du Bret [3], parroisse Saint-Eustache;

Nicollas la Ruhe, homme de guerre, harquebuzier, demeurant à Licharches [4], parroisse dudit lieu;

Michel le Lorrin, homme de guerre, demeurant à Limounes [5], parroisse dudit lieu, picquier.

Lesquels ont confessé auoir resu chescung vn mois et demy pour leur sallaire; et le reste montant soixante-vne liure six sols huit deniers tournois a esté mis ès mains dudit recepueur.

[1] Ce nom est écrit: *Delcuys*. Nous voyons là un membre de la famille de Cluys: *d'argent, au lion d'azur*.

[2] De la Brée. Faut-il lire de Brée? Une famille de Brée a occupé les charges parlementaires à Paris.

[3] Serait-ce au pressoir de Brée?

[4] Sans doute Luzarches.

[5] Probablement Limours : chef-lieu de canton, arrondissement de Rambouillet (Seine-et-Oise).

Pour ANTHOINE DU COOCQ [1] :

Jacques Honguet, hallebardier, tailleur de robes, demeurant à Paris, près Saint-Germain de l'Auxerroys, parroisse dudit lieu.

Il a confessé auoir resu vn mois et demy de ses sallaires; et le reste montant treize liures six solz huit deniers tournois, a esté mis ès mains dudit recepueur.

[1] Antoine le Cocq, seigneur de Corbeville, d'Egrenay, des Porcherons, de Vau-la-Reine, conseiller au parlement de Paris, marié à Perrette Regnault. *D'azur, à trois coqs d'or, cretés, barbés et onglés de même, 2 et 1.*

Pour ANTHOINE BERNARDIN.

Jehan de Bodière, homme de guerre, demeurant à Maigny-Lessart [1], parroisse dudit lieu, picquier.

Ledict de Bodière a confessé auoir resu dudit Bernardin, la somme de dix liures tournois pour vng mois et demy de son seruice ; et le surplus montant treize liures six sols huit deniers tournoiz, ledit Bernardin les a mis ès mains dudit recepueur.

¹ Magny-Lessart : canton de Chevreuse, arrondissement de Rambouillet (Seine-et-Oise).

Pour LOUIS DE BILLY ¹ :

Robert Quillet, cuizinier, demeurant au Petit-Pond ² à l'enseigne de l'Espée Lardée, parroisse Saint-Seuerin, picquier ;

Jean Gros-Cœur, compaignon de guerre, demeurant ruhe Tirechappe, à l'enseigne du Cocq Chastré, parroisse de Saint-Germain de l'Auxerroys, picquier ;

Jehan de Laual, courtier de cheuaux, demeurant place Maubert, parroisse de Saint-Estienne-au-Mont de Paris, harquebuzier.

Lesquels ont confessé auoir resu chescung vng mois et demy pour leur sallaire ; et le surplus montant quarante-deux livres douze sols huit deniers tournois a esté mis ès mains dudit recepueur.

¹ Le nom de Louis devait être porté à cette époque par trois membres de la maison de Billy, savoir : 1° Louis de Billy, seigneur de Prunay-le-Gilon et de Vertron, gouverneur de Guise, lieutenant de la compagnie de 50 hommes d'armes du maréchal de Brissac, marié à Marie de Brichanteau de Nangis ; 2° Louis de Billy, seigneur de Vertron, fils du précédent, tué en 1569 au siége de Poitiers, et 3° Louis de Billy, baron de Courville, gentilhomme ordinaire de la chambre du roi, ensuite de la compagnie des gendarmes du connétable de Montmorency, marié à Félice de Rosny. Il était neveu du seigneur de Prunay-le-Gilon, et décéda en 1566. De Billy : *vairé d'or et d'azur, à trois fasces de gueules.*

² Le manuscrit porte : à Petit-Pond. C'est le pont qui relie la rue de la Cité à la rue Saint-Jacques.

Ledict de Meaux a présanté pour fourrier, Louis Papelard, demeurant à Fontenay-en-France ¹, disant qu'il luy donnoit la ditte place de fourrier, laquelle ledit Papelard a accepté et auquel a esté payé présantement douze liures tournois par Louis des Jardrins, commis à recepuoir les deniers des roturiers et autres cottizés en ce présant ban.

¹ Fontenay-lès-Louvres : canton d'Ecouen, arrondissement de Pontoise (Seine-et-Oise).

Anthoine Guiboust, demeurant à Paris, ruhe des Ballais, près M^r le cardinal de Meudon [1], parroisse de Saint-Paoul, a esté resu pour phifre,

Jehan de la Volle, tabourin, demeurant à la place Maubert, parroisse Saint-Estienne-au-Mont de Paris,

Et Nicollas Coutant, aussy tabourin, demeurant ruhe de Byeure, parroisse Saint-Estienne.

Ausquels phifre et tanbourins a pareillemant esté payé à chescung d'eux la somme de dix liures tournois par ledit Louis des Jardrins.

[1] *De Meridoy,* dans le manuscrit. Il s'agit ici d'Antoine Sanguin de Meudon, d'abord évêque d'Orléans, puis archevêque de Toulouse, cardinal en 1539, grand aumônier de France, mort en 1559.

Tous lesquelz dessus noumés chescun en droit soy ont en la présance dudit Guillaume de Meaux, conducteur de ladite compaignée, et de Messieurs *Guillaume de Vic* [1], *Claude Cheuallier* [2], sieur de la Sausaye et de *Jean de Bombel,* sieur de Billy, eslus par les nobles à faire la montre dudit ban, et arrière-ban et aussy en la présance de Messieurs les gens du roy on chastelet de Paris, fait ès mains de noble homme et sage Me *Jehan Morin* [3], conseiller du Roy, nostredict seigneur, et lieutenant ciuil de la prévosté de Paris, sermant solenpnel de bien et loyaumant seruir le Roy nostredict seigneur, et exposer leur corps pour le seruice dudict seigneur et de eux transporter en la ville d'Amiens et alentour d'icelle et y arriuer le vingtiesme jour de ce présant mois de jeuillet, sans faire par le chemin et autres lieux aucuns pilleryes et maluersations, mais viure en gens de bien, et aussy de eux départir du seruice sans congé du Roy ou licence de leur conducteur ou de leur capitaine sur peyne de la hart, et entrer en leur seruice au jour ordonné pour le seruice dudit seigneur et tenir garnizon le temps et espace de trois mois. Et outre leur a esté enjoint de obéyr à leurdit conducteur à la-ditte conduitte, et sont partis d'icelle ville ledit jour.

[1] De Vic : *d'azur, à un vol d'or.*

² Il y avait alors à Paris plusieurs familles parlementaires de ce nom ; nous ne savons à laquelle appartenait le sieur de la Sausaye.

³ Jean Morin, écuyer, seigneur de Paroy et de la Coutelerie, conseiller du roi, lieutenant civil au châtelet de Paris, marié à Charlotte de Montmirail : *d'azur, à la bande d'or, chargée de trois têtes de Maures de sable, tortillées d'argent.*

Ledict de Meaux a présanté pour centenier noble homme VALLENTIN DE JULLAN, sieur en partie du Pond, près Saint-Morice, chastellanye de Montechay, disant qu'il luy donnoit ladite place de centenier ; laquelle ledit de Jullan a accepté, et auquel a esté présantemant baillé et payé la somme de quinze liures tournois pour vn mois de seruice, par ledit Louis des Jardrins ; lequel de Jullan a fait le sermant en tel cas requis et accoutumé.

Ledict de Meaux a baillé la place de lieutenant de ce présant ban à CRISTOPHLE DE SAILLY ¹, seigneur de Boyenual ², près la Ferté-Soubz-Jouerre, parroisse de Coullons ³, laquelle il a accepté, et auquel a esté baillé et payé présantement la somme de cinquante liures tournois par ledit Louis des Jardrins.

¹ Christophe de Sailly devait être proche parent, — frère ou cousin-germain — de Florimond de Sailly, écuyer, marié à Charlotte de Meaux, sœur du capitaine. Il portait *d'azur, à la fasce d'or, chargée de trois croisettes de sable, et accompagnée de trois têtes de butor arrachées de même, 2 en chef et 1 en pointe.*

²⁻³ Le texte donne : Bozomval et Coulons. Coulombs : canton de Lizy, arrondissement de Meaux (Seine-et-Marne).

Et a esté baillé audit de Meaux par ledit des Jardrins, la somme de cent-cinquante liures tournois, et outre ce, luy a esté baillé par icelluy des Jardrins pour vng sergent de bande la somme de quinze liures tournois, lesquelz il a promis bailler et payer audit sergent de bande.

Ainsy signé : *J. Morin,* — *N. Lormier* ¹, — *R. de Grineau.*

¹ Lormier : *de gueules ; au chef d'or, chargé d'un lion de sable, cotoyé de deux aigles éployées de même.*

Et le mardy treiziesme jour dudit mois de jeuillet, dame CATERINE DE MACHEFERON ¹, veuve de feue Mʳᵉ RENÉ DE CAUQUELIN ², c'est présantée par Louis de Beaumans, son procureur et a présanté :

Estienne Duhamel, compagnon de guerre, harquebuzier, demeurant à Cheurieuze [3], parroisse dudit lieu.

Auquel a esté fait faire le sermant comme aux préceddans, et a luy enjoint de aller treuuer la compagnée cejourd'huy à la plus grande dilligence que faire se pourra; ce qu'il a promis faire; et a icelluy Duhamel confessé auoir resu la totalle paye de ce présant ban et arrière-ban pour trois mois et demy.

[1-2] Serait-ce : de Mathefelon et de Coquelaire?

[3] Chevreuse, chef-lieu de canton, arrondissement de Rambouillet (Seine-et-Oise).

Quel fut le sort de la compagnie de Guillaume de Meaux? Son rôle particulier dans la guerre de Picardie nous est inconnu, mais nous savons le mince résultat de la campagne : le maréchal du Biez, après avoir repoussé les Anglais dans deux rencontres, n'osa pas se risquer à faire le siége de Boulogne; il se contenta de construire un fort destiné à surveiller l'ennemi.

A la mort de François Ier, la clameur publique accusa le maréchal d'avoir laissé prendre la ville par défaut de prévoyance, et son gendre Vervins de l'avoir livrée par trahison. On fit leur procès. Tous deux furent condamnés à mort. Le maréchal obtint une commutation de peine. Quant à Vervins il eut la tête tranchée. Plus tard on réhabilita leur mémoire.

Comme nous l'avons vu, la compagnie que Guillaume de Meaux conduisait en Picardie, se composait, outre son capitaine et son lieutenant, d'un centenier, d'un sergent de bande, d'un fourrier, d'un fifre, de deux tambourins, de vingt-quatre arquebusiers, de dix-sept piquiers, de quatre hallebardiers, de trois soldats sans désignation. Le nombre des aides ou serviteurs n'est pas indiqué. Il manquait donc à la compagnie son enseigne, deux centeniers et un sergent de bande. Le chiffre des soldats était aussi inférieur à l'effectif. On sait que d'après l'ordonnance toutes les troupes du ban et de l'arrière-ban avaient dû être concentrées à Amiens et aux environs le 25 juin. La compagnie de Guillaume de Meaux n'était pas même constituée à cette date; elle ne devait arriver à sa destination que vingt-cinq jours plus tard, le 20 juillet : ce pouvait donc être une fraction de compagnie dont l'autre partie était déjà rendue au camp.

Il faut noter de plus que les gentilshommes qui apparaissent dans ce rôle de la prévôté et vicomté de Paris, forment deux groupes distincts : l'un appartenant au territoire de Luzarches et alentours, et l'autre à une région de l'Ile-de-France, comprenant Chevreuse, Limours, Palaiseau, Lonjumeau, et descendant vers Dourdan et Étampes.

Il ne s'agit donc ici que d'un rôle partiel et restreint de la noblesse de la vicomté de Paris, dont les membres étaient liés entre eux, les uns par des rapports de voisinage et les autres par des rapports de parenté, comme nous l'avons fait ressortir dans quelques-unes de nos notes.

Le choix que ces gentilshommes avaient fait de leur capitaine ne pouvait être mieux justifié : celui-ci se recommandait autant par sa fortune territoriale que par l'illustration et l'antiquité de sa race, probablement aussi par son caractère et par son expérience au métier des armes.

Il nous reste à lui consacrer quelques lignes à la fin de cet article.

Guillaume de Meaux, chevalier, vicomte de Berthenay, baron de Survilliers et seigneur en partie de Marly-la-Ville, était fils de Pierre de Meaux, IIe du nom, écuyer, vicomte de Berthenay, baron de Survilliers, seigneur de Boisboudran, de Neufvy, de Rocourt, de Grateloup, de Chéry, et en partie de Marly-la-Ville, capitaine de Coulommiers, et de Louise de la Fontaine-Solare. Il avait épousé Antoinette de Corbie, dame de Jagny, fille de Charles de Corbie, chevalier, seigneur de Jagny, gentilhomme de la maison du roi, et de Jeanne l'Anglois. Elle avait pour trisaïeul Arnaud de Corbie, chancelier de France sous Charles VI.

La maison de Meaux, éteinte au XVIIIe siècle, tire son origine des anciens comtes ou gouverneurs de Meaux en Brie.

Cette illustre origine constatée par un grand nombre d'histo-

riens a été rapportée notamment dans l'inventaire des pièces
produites en 1700 devant l'intendant de la généralité de Paris,
Jean Phelypeaux. Issue d'Ogier le Roux, comte de Bourgogne
au Ve siècle, dont le petit-fils Agneric fut comte de Meaux en
590, par suite de son mariage avec Leodegonde, fille du comte
de Meaux, prince du sang mérovingien, cette maison compte à
son berceau un grand nombre de saints et de personnages re-
commandables par leur piété, tels que Saint-Walbert, Saint-
Cognoald, Saint-Faron, Saint-Authaire, Saint-Ouen, Sainte-Fare,
Acto, trésorier des finances sous Dagobert et fondateur du mo-
nastère de Jouarre, Anscheric, évêque de Paris et chancelier de
France sous Charles-le-Chauve [1], Gauthier, vicomte de Meaux,
et Giffard de Meaux, tous deux compagnons de Saint-Louis à la
croisade de 1248. C'est Giffard, qui rapporta en France la cou-
ronne d'épines de Notre-Seigneur Jésus-Christ. Pour perpétuer
ce pieux souvenir, il abandonna les armoiries de sa famille : *de
sable, à une jumelle d'argent*, et avec l'agrément du roi il leur subs-
titua celles-ci : *d'argent, à cinq couronnes d'épines de sable, 2, 2 et 1* [2].

Dans les temps plus modernes, la maison de Meaux a donné
un premier président au Parlement de Toulouse, au XVe siècle [3],
neuf chevaliers de Malte, dont deux commandeurs, et un grand-
prieur de France : Guillaume de Meaux-Boisboudran, successeur,
en 1629, d'Alexandre de Vendôme [4]. Elle a payé son tribut de
sang aux guerres contre l'étranger, et aussi, par malheur, aux
guerres civiles : deux de ses membres partisans de la Réforme,
le père et le fils, Louis et Scipion de Meaux, seigneurs de la

---

[1] Malbrancq : *De Morinis et Morinorum rebus*, 1639. — *L'année bénédictine*, 1667.
— Toussaint du Plessis : *Histoire de l'Église de Meaux*, 1731. — *Gallia christiana*.
— Bibl. imp. *Manuscrits de Duchesne*.

[2] Favin : *Le Théâtre d'honneur et de Chevalerie*, 1620. — Marchais : *Etat de la
France*, 1652. — Palliot : *La vraye et parfaite science des Armoiries*, 1660. —
Dancosse : *La Généralité de Paris*, 1710. — *Galeries historiques du palais de Ver-
sailles*, 1840.—La Chenaye des Bois : *Dictionnaire de la noblesse*, etc.

[3] *Tablettes de Thémis*, 1755, etc.

[4] Bib. Ars. : *Registres de l'Ordre de Malte*, Mss. — Goussancourt : *Le Mar-
tyrologe des chevaliers de Saint-Jean de Hiervsalem*, 1643. — Vertot : *Histoire
des chevaliers de Malte*. — Barillet : *Recherches historiques sur le Temple*, 1809.
— Tisserand : *Le Théâtre au collége de Sens*, 1859.

Ramée, ont eu la tête tranchée, pour cause de rébellion, l'un en 1567, l'autre en 1580 [1]. Signalons encore deux figures intéressantes : le jeune et brave du Fouilloux, favori de Louis XIV enfant, capitaine-enseigne des gardes-du-corps d'Anne d'Autriche, tué au combat de la porte Saint-Antoine en 1652, et sa sœur, la charmante et spirituelle marquise d'Alluye, Bénigne de Meaux du Fouilloux, demoiselle d'honneur d'Anne d'Autriche, femme de Paul d'Escoubleau, marquis d'Alluye et de Sourdis, gouverneur de l'Orléanais [2].

Au nombre des familles alliées à la maison de Meaux, on trouve celles de Châtillon-sur-Marne, de Beauvau, de Brichanteau de Nangis, de Poupincourt, de Culant, d'Escoubleau de Sourdis, d'Elbène, de la Fontaine-Solare, de Belloy, d'Ancienville, de Briçonnet, du Bourg, de Patras, de Sailly, de Brenne-Bombon, de Boullard de Fay, Bureau de Monglat et de la Rivière, de Charny, de Louviers, de Paris-de-Boissy, d'Aiguières, de Boubers, de Campremy, de Saint-Perrier, de Corbie, de Thumery, de Donon, de Verdelot, Hesselin, etc., etc.

[1] Toussaint du Plessis. — Haag : *La France protestante.*

[2] *Charles de Meaux, seigneur du Fouilloux, enseigne des gardes du corps d'Anne d'Autriche*, 1854. — Saint-Simon : *Mémoires.* — Rainguet : *Biographie Saintongeaise*, etc., etc. En outre : La Thaumassière : *Histoire du Berry*, 1689. — Bib. Imp., *Dossier de Meaux.* Mss. — *Armorial général de France*, 1696. — Bib. Ars. Thomassin, *Armorial général des ordres de N.-D. du Mont-Carmel et de Saint-Lazare*, 1731. Mss., etc., etc.

Angers. — Imp. Cosnier et Lachèse.